NOTES

Sur les Établissements

DES

ORDRES RELIGIEUX ET MILITAIRES

DU TEMPLE,
DE SAINT JEAN DE JÉRUSALEM
& DE SAINT ANTOINE DE VIENNOIS

Dans l'ancien archi-diocèse de Reims

Par le Comte Ed. DE BARTHÉLEMY

PARIS

CHAMPION, 15, QUAI MALAQUAI.

—

1883

Imprimerie Coopérative de Reims, rue Pluche, 24 (N. Monce, dél.)

NOTES

SUR LES

ÉTABLISSEMENTS DES ORDRES RELIGIEUX & MILITAIRES

Du Temple

DE SAINT JEAN DE JÉRUSALEM & DE SAINT ANTOINE DE VIENNOIS

Dans l'ancien archi-diocèse de Reims

———

Les Templiers et les Hospitaliers de Saint-Jean de Jérusalem se sont établis simultanément dans l'ancien diocèse de Reims, mais les premiers ont eu d'abord une situation de beaucoup supérieure aux seconds par l'importance de leurs propriétés (1). Nous allons essayer de reconstituer séparément leur histoire dans notre pays, après avoir dépouillé les archives de la commanderie qui se trouvent complètes

(1) Nous venons de publier dans le dernier volume des mélanges de la *Collection de documents inédits de l'histoire de France*, un manuscrit excessivement curieux sur les Templiers de Reims : « l'obituaire de la Commanderie du Temple de Reims », manuscrit du XIII⁰ siècle conservé à la Bibliothèque Nationale sous le n° 13051 du fond latin et demeuré inédit. Il présente notamment une grande importance au point de vue de la liste des grands maîtres de l'ordre.

au dépôt des archives nationales, dans un désordre malheureusement assez grand et surtout dans un fâcheux état de conservation, nombre de parchemins étant presque entièrement pourris, par suite de leur séjour dans quelques cachettes souterraines, lors des guerres qui, aux xivᵉ, xvᵉ et xviiᵉ siècles, troublèrent si fréquemment le Rémois. M. Mannier a examiné ces pièces avant nous, pour la publication de son important ouvrage sur les commanderies du Grand Prieuré de France, mais composant un travail d'ensemble, il n'a pu naturellement s'étendre aussi longuement que nous nous proposons de le faire. Un certain nombre de Chartes d'ailleurs lui ont échappé. Nous avons publié dans le tome XLII des *Travaux de l'Académie de Reims* une note sur les possessions de la commanderie du Temple de Reims. Nous nous félicitons de pouvoir aujourd'hui la compléter.

Les archives de la commanderie de Reims remplissent les cartons cotés : de 5033 à 5038, 5261, 5480 à 5481 ; M. 10, MM. 878, 123, 124 ; ½ 201.

La commanderie du Temple avait pour membres ; Berméricourt, Romain, Prouilly, Mont-Saint-Remy, Vouziers. Les Hospitaliers y réunirent Passy, Pontvray, Crilly, Grandchamp, Sainte-Croix et Rametz.

L'hôtel de la commanderie porte encore le nom du Temple et sert de maison de commerce à MM. Werlé : il avait été rebâti en 1716 : auparavant, il était encore en partie crénelé, comme le montre le plan de la ville de 1665.

L'enclos était lieu de franchise. A la fin du XVIe siècle, on y joua, à deux reprises, des scènes dramatiques outrageantes pour le clergé (1). Le Chapitre intervint pour défendre à ses vassaux d'y aller, et cette mesure amena, le dimanche des Brandons et le lendemain, des scènes tellement violentes et scandaleuses que deux ans après une sentence du Grand Maître obligea les chevaliers à faire des excuses aux chanoines. C'est dans cet enclos que les confrères de la Passion se réunissaient et s'habillaient pour se rendre en procession à l'échafaud sur lequel ils devaient jouer leurs mystères.

C'est également dans la grande salle de la commanderie, réputée terrain neutre, qu'aux XIVe et XVe siècles, le peuple rémois s'assemblait pour procéder aux élections municipales et que les échevins venaient à la fin de l'année remettre leurs pouvoirs.

Les Templiers avaient fondé des écoles assez importantes, dites petites écoles, pour les distinguer des grandes écoles du Chapitre. En 1463, les Hospitaliers augmentèrent notablement l'importance de leur collège.

Sur la place de l'église s'élevait de toute ancienneté une croix : en 1675, le commandeur Bellotte y fit dresser des obélisques en pierre, dont l'un sur l'emplacement de la croix : celui-ci, assis sur le lion de bronze, était surmonté d'une croix de Malte, ciselée à jour et posée sur

(1) P. Tarbé, Les Rues de Reims.

un globe de cuivre. C'est là qu'était allumé le feu de la Saint-Jean : le clergé du Temple en faisait le tour, tant qu'il durait, en chantant des litanies.

Nous avons terminé ce travail par une notice semblable sur la commanderie de Saint-Antoine de Reims; c'est la première fois que l'histoire de cet établissement est présentée au public. Ses archives sont également conservées au dépôt de Paris, carton I. 5180 à 5181.

I

Les Templiers à Reims.

Les Templiers s'établirent de bonne heure en Champagne où ils étaient particulièrement connus On sait en effet que leur premier Grand Maître était originaire du village de Payans, dans l'Aube, et que c'est au concile de Troyes, en 1118, que leur règle fut approuvée par l'autorité pontificale. Dès 1130, ils étaient établis à la Neuville, près de Châlons (1). Ce n'est cependant qu'en 1170 que l'archevêque Henri les appela à Reims ; d'accord avec le chapitre métropolitain, il leur donna l'église de la Trinité, ancienne collégiale, avec toutes ses dépendances, moyennant un surcens de 25 sols au profit des chanoines. Nous ne possédons pas le titre original, mais une conclusion capitulaire du 5 dé-

(1) Voir notre histoire du *Diocèse ancien de Châlons*, t. 1er.

cembre 1710, constate le fait en mentionnant cette redevance, « pro area œdium et ecclesia » Templi olim a capitulo concessa. » Cette église avait été bâtie par saint Remy en l'honneur de saint Martin, puis elle fut dédiée à la Sainte-Trinité et reconstruite dans le courant du XIe siècle par Constant, doyen du Chapitre, qui y fonda quatre prébendes, auxquelles son neveu et successeur en ajouta six autres (1) La donation de 1170 attribua tous les revenus aux Templiers, à charge uniquement, outre le surcens, de continuer le service institué par Constant (2). Nous n'avons pas rencontré de nombreuses pièces du XIIe siècle, mais nous croyons cependant que dès ce moment les donations échurent abondamment aux Templiers, car nous les trouvons en possession de nombreux immeubles dès cette époque; du moins pouvons-nous citer d'importantes propriétés dont aucun titre postérieur n'indique, pour la plus notable partie, les concessions, preuve qui nous paraît indiquer nettement qu'elles remontent aux premiers temps de l'installation de l'ordre à Reims. A ce titre, figurent d'abord les maisons possédées dans cette ville, et dont aucun acte des archives de la commanderie ne mentionne ou le don ou l'achat. Ces maisons, outre le manoir seigneurial, l'église et l'enclos y attenant, étaient ainsi réparties: une dans l'enclos, deux derrière le jardin, sept rue du Temple, une rue des Bou-

(1) Marlot, tom. 1er, 143.
(2) Bibl. Nat., Mss. Fr., 1515 ?.

chers, une rue Monginglon, une près du cimetière Saint-Jacques, une dans chacune des rues
de la Hure, des Telliers, Neuve (1) et au faubourg Cérès (2); enfin « le château de Madrid, » à côté de la commanderie. Un bien plus
grand nombre de maisons étaient chargées de
surcens; c'est à savoir: une maison rue Devant-
la-Cour-Notre-Dame, 1215 (3); deux rue de la
Mercerie, 1244, 1250; une rue Cochon-de-
Montlaurent, 1248; quatre au Marché, 1211 (4),
1218 (5), 1227, 1236; une au Marché aux
laines, 1218; une à la porte Mars, au coin du
rempart, 1217; dix au Chemin neuf de porte
Mars (6), 1217; une rue des Telliers, 1217;
quatre rue des Bouchers, 1213, 1215, 1281;
une au Mont-Oyson, 1215; une rue de la
Tournelle, 1245; deux rue de Coucy, 1218, 1258;
une rue Jean-le-Crès, 1251. La justice de la
commanderie s'étendait dans Reims sur l'île du
Temple, les rues du Temple, de Coucy, des Bou-
cheries, la pointe sud de la rue Monginglon et
le long des remparts à l'est La plus ancienne
pièce du Chartier, après l'acte de 1170, est une
charte de 1198, par laquelle le comte de Champagne fait savoir que noble dame Hodierne a
fait don au Temple des héritiers de Thibaut-
Baudel, de Damery, savoir: Renaud Baudel, sa

(1) Acquise en mai 1256.
(2) Achetée en octobre 1280, sise près la porte Cérès « en viesse
bos. »
(3) Don de Cochon de Montlaurent.
(4) Surcens de 30 sous rémois, appartient à Golart, chevalier.
(5) Surcens de 12 sous rémois, don de Sybille, ve Jean Burdin.
(6) Vente pour 101ᵉ par Areline, ve Abéric Chassin.

femme, ses frères et sœurs et leurs biens, avec l'approbation du seigneur Ertaud et autres appelés à cet effet, en présence de Gaulier, chancelier.

Mentionnons ici encore une donation de 15ᵉ de rente, faite au mois de novembre 1268, par Varnier de Monte-Maymo et Marotte sa femme, pour employer au luminaire de la chapelle Saint-Nicolas, en l'église du Temple, le jour de Saint-Denis.

Originairement la commanderie de Reims était divisée entre plusieurs membres, savoir : Bermericourt, Romain, Prouilly, Passy, Grandchamp, Rametz. Nous allons énumérer séparément leurs possessions.

REIMS

Nous avons indiqué déjà les propriétés de l'ordre du Temple dans Reims.

Arcy-le-Ponsart (1). — Don par le seigneur de Lagery, en 1210, d'une rente de dix septiers de blé sur la dime (2).

Bermericourt (3). — Donation par Gérard d'Aconin, chevalier, et Havvide, sa femme, de tous leurs biens immeubles, sis audit lieu, maison, terres, cens, etc., du consentement de Jean de Courlandon, chevalier suzerain (4), qui re-

(1) Canton de Fismes.
(2) Réduite à 8 septiers, après procès avec le curé du lieu, jugé le 21 avril 1487.
(3) Canton de Bourgogne.
(4) En 1215, Renaud, chevalier, se porte garant de cette donation.

nonce à la seigneurie moyennant le paiement d'une somme de 100 livres tournois.

2. Le même Gérard vend aux Templie: de Reims, une censive que tenaient de lui Viart, dit clerc de *Vallibus* et damoiselle Isabelle, sa femme, même date.

3. Vente par Renaud de Guignicourt, et Agnès, sa femme, en présence de l'official de Reims, de tout ce qu'ils possédaient audit lieu, à l'exception de la Vicomté, et moitié du four banal, au prix de 190 livres, du consentement de Henri de Soizy, suzerain, qui renonce à la seigneurie, moyennant une somme de 20 livres.

4. Vente de ladite Vicomté par Simon de *Lobiis*, chevalier, et Isabelle, sa femme, châtelaine de *Bello*, du consentement de Gérard d'Aconin, suzerain (décembre 1244).

5. Accord consenti par le Grand Prieur de France et les habitants du lieu, et confirmation des privilèges précédemment accordés par Gérard d'Aconin, moyennant que chaque bourgeois payerait à la Saint-Martin d'hiver un surcens d'un septier d'avoine et de deux poules (décembre 1244).

6. Vente d'un cens de 5ˢ 5ᵈ parisis audit lieu, par Roger, écuyer, fils de Vuiter, chevalier de Berméricourt (février 1245).

7. Nouvel accord entre Renaud de Vilhériis, précepteur du Temple en France, et la communauté des habitants du lieu, promettant de tenir le village suivant les us et coutumes des chevaliers Gérard d'Aconin et Renaud de Guignicourt, à charge du surcens précité. Il est sti-

pulé que si plusieurs chefs de famille demeuraient dans la même maison, chacun sera tenu de ladite rente; si un bourgeois possédait plusieurs maisons, il ne devrait ce surcens que pour celle où il demeurerait, et n'aurait à payer pour les autres que comme au temps des susdits chevaliers; s'il en louait, le surcens serait dû, les deux poules pouvant être rachetées pour 10ʳ; toute personne acquérant immeuble à Berméricourt devrait le surcens; si quelqu'un du lieu ou du dehors y élevait une maison, il devrait le surcens toujours et un petit quartel d'avoine tant qu'il y habiterait (juillet 1247).

8. Vente par Raoul de Romain, du fief qu'il possédait audit lieu, tenu de lui par Garnier de Berméricourt et Geoffroy de Chaudardre, et d'eux par Bolesmon de *Wyano* et Robin de Guignicourt, au prix de trente livres fortes (juillet 1249).

9. Vente d'un fief audit lieu, par Geoffroy de Chaudardre, chevalier (novembre 1250).

10. Vente d'un cens de 8ᵈ, audit lieu, pour le prix de 9 livres de Provins, par damoisello Aelide (1250).

11. Vente d'une rente de 5 septiers de blé, 2 d'avoine avec lods, ventes et 10ˢ de cens par dame Félize (1256).

12. Vente d'une rente d'un demi-quartel de blé, autant d'avoine, une demi-poule et 8ᵈ de cens, le tout provenant de Garnier de Berméricourt, par damoiselle Perette (octobre 1261).

13. Vente de mêmes revenus par Robert de

Guignicourt et damoiselle Isabelle, sa femme, fille de Geoffroy de Chaudardre (an 1262).

BÉTHENY

Vente par Drouet de Dommiers, écuyer, Marie, sa femme, fille de Milon Dotel, chevalier ; N..... de l'Escuti, écuyer, fils de Gérard de Escuti, chevalier, Isabelle, sa femme, sœur de Marie, pour la somme de 210 livres parisis, de 5 journels et 77 perches « petites » de terres et don de 2 journels 1/2. Consentant : Baudoin, Renier, dit Acarin, chevaliers ; Clarembaud, clerc, frères (mars 1241).

BRIMONT

Reconnaissance de la propriété d'une vigne donnée par Vauthier, dit Grand Banniers, et Vautier Gaillart (9 octobre 1280).

CAUROY

Don de pièces de vigne, par Gervais, fils de Rémond le Barrois, de Cauroy, et vente d'autres pour 24ᵖ (1256).

Autres données par Vauthier, dit Grand Banniers (octobre 1280).

CERNAY-LES-REIMS

Perception de part de dimes (*f*).

CHATILLON-SUR-MARNE

Vente d'une maison, sise rue Corbellon, faite au prix de 40 livres, par Jean Bocquetin, bourgeois de Paris, et Anceline, sa femme (décembre 1235) (1).

L'ordre y possédait encore, avant 1309, 20 septiers de vin de rente, à 9ᵉ le septier; 113 arpents de bois rapportant alors 80 livres, et un vivier, rue Lecomte, loué 100ˢ.

CIERGES

Le tiers des dimes valant 10 septiers de grains: tous les trois ans le droit sur les bêtes tirant, évalué au même rapport.

CORMICY

1. Vente d'un champ et don d'un autre par Baudoin.... (décembre 1241).
2. Vente des bois de Cormicy, par l'abbaye de Saint-Thierry (l'année 1215).

COURCELLES

Lieudit: Le Pré du Temple, justice, fief et seigneurie avec mairie, lods et ventes, part de dimes. A la Saint-Remy, chaque journel devait 3ˢ, chaque quartel 9ᵈ, chaque homme 2ˢ (†).

COURTAGNON

Tiers des dimes et deux tiers des offrandes des trois grandes fêtes.

EPERNAY

Maison au faubourg Saint-Laurent.

(1) Louée 20ˢ en 1309.

Prés, bois et vignes, dites encore les « Tempières. »

EPOYE

Part de seigneurie avec mairie, justice, treizième des dîmes; droit d'un pot de vin sur chaque tavernier.

HERMONVILLE

Maison rue Monset, avec un pressoir et quelques vignes. — Canton dit du Temple, entre Hermonville, Cormicy et Cauroy, avec mairie, etc.

Achat de terre et bois à Baudart, de Cormicy (décembre 1224).

Achat de bois à l'abbé de Saint-Thierry (janvier 1225).

Accord entre l'abbaye de Saint-Thierry et Hugues, précepteur de Reims et Mellaut, au sujet des vignes et de la maison des Templiers, audit lieu (1260).

LIRY

Vente par Viter de Challerange, chevalier, de sa dîme du lieu pour 275 livres (mai 1221).

LUDES

1. Reconnaissance par Adam Parmentier, d'un surcens de 10ˢ sur un jardin audit lieu (1257).

2. Vente du bois dit Asperchetes, entre le

bois du Temple et le bois Adenet, pour 38ʳ, par Jaquet dit Gustaux, et Marie, sa femme (1258).

3. Vente d'un champ audit lieu, pour 50ʳ, par Jacquemin dit de Ulitio de Ludes et Gilles, sa femme (février 1260).

La commanderie avait la seigneurie de la rue dite du Temple, à l'est, entre le presbytère et la forêt; droit d'audience au banc de la porte du cimetière; offrandes aux grandes fêtes; quart des grosses dîmes; droits de rouage, forage, à raison d'un pot par pièce.

MONT-SAINT-REMY

1. Vente de la seigneurie, par Thibaut, fils de dame Mathilde de Mont-Saint-Remy (octobre 1241).

2. Vente par ledit Damoiseau, d'une rente qu'il tenait en fief de la commanderie (décembre 1242).

MONTHELON

1. Don d'un cens de 3ʳ rémois et un obole sur une vigne appartenant à l'ordre, par Isabelle, fille de ....(décembre 1225).

2. Don d'une vigne sous un cens de 6ᵈ parisis, par Jean dit de *Wasno*, seigneur de Monthelon (mai 1254).

MONT-SAINT-MARTIN

Quart des dîmes et dîmes sur 3 journels de terre, dits dons d'autel.

Pagination incorrecte — date incorrecte

NF Z 43-120-12

POUILLON

Vigne, dite du Temple.

VILLERS-AGRON

Dons de tous leurs biens, par noble Louis de Villers, et Pierre, son fils, terres, prés, bois, censives (1er vendredi après les Rameaux 1211).

VILLERS-FRANQUEUX

Mairie, avec moyenne et basse justice, maison, jardin, censives, vignes, etc.

Don d'une vigne, par Vautier dit Grand Banniers (octobre 1280).

VOUZIERS

Pierre, chevalier de *Burco*, vendit à l'abbaye de Saint-Thierry tout son aleu de Vouziers, pour la somme de 60 livres rémoises, en 1208; ce domaine comprenait le cours de l'Aisne, depuis le pont de cette ville jusqu'à l'embouchure du ruisseau de Fournelle (1). Henri, fils du comte de Grandpré, se porta caution de cet acte, moyennant payement par les moines d'une somme de 40 livres (décembre 1208). Peu après, Henri de Vouziers, chevalier, céda à l'abbaye, pour 80

(1) Intervinrent à cet acte : Milon, Chevalier et Raoul, fils de Pierre; Isabelle, sa femme, Pierre fils d'icelle; Garnier, frère de Pierre et Gilles, ses fils; Bel sver, sœur de Pierre et ses enfants; Cotiel, son gendre; Guillaume de Funiis, gendre de Pierre; Richaule, sa femme; Albert, Archevêque; Forlques, abbé de Saint-Vincent. — Sur l'écu du sceau on distingue une face.

verbal de la visite de 1788. Nous ajouterons auparavant un extrait de la visite de 1495 :

« La chapelle est bien grande et ne fut jamais
« parfaite, car il n'. a de cresté (sic) synon le
« chœur. La nef et les croisées sont des lignons
« fort vieux et desmyt. Toutefois elle est bien
« couverte. Ce qui est cresté de la dite église
« commençait à s'ouvrir, mais par dehors, le
« commandeur présent y fait faire des piliers
« pour la retenir. »

« La chapelle de présent est en assez bon estal
« de édifice, de vitrines où il y a des reli-
« quaires, une Trinité, trois tabernacles petits
« auxquels a diverses reliques, ung encensoir,
« deux croix, ung calice, le tout d'argent, bien
« fournie de livres, chasubles et chappes vieilles.
« Aultour du grand autier a six colonnes de
« cuyvre et les anges dessus qui sont de bois et
« 4 grands chandeliers de cuyvres. »

Cette église fut vendue et démolie en 1702. Les maisons n°ˢ 15 et 17 de la rue du Temple sont bâties sur leur emplacement. D'après des notes qui ont été conservées, elle était romane. Les piliers de la nef sans chapitaux avec arcades en plein cintre. L'abside carrée et tellement inclinée vers l'orient que du milieu du portail on ne pouvait pas voir le fond du chœur. On y remarquait une descente de croix, groupe sculpté, actuellement à Saint-Remy. Derrière le maitre autel se dressaient deux serpents en pierre. La cloche était cassée. Ce monument avait été presque complètement remanié et res-tauré en 1675.

« De la dite sacristie, lisons-nous dans le procès-verbal de visite de 1788, nous nous sommes transportés dans la nef de la dite église. La grande porte est en bois de chêne ornée de sculptures et moulures: il y en a deux petites, séparées de la grande, lesquelles servent à entrer dans les bas côtés. On descend dans ladite nef par six degrés en pierre dure : elle est soutenue par des piliers aussi de pierre dure: le dessous de la couverture est lambrissé en bois de chêne cintré. Les basses nefs sont plafonnées. La nef du milieu, grande et vaste, est éclairée par six fenêtres de chaque côté et trois au-dessus de la porte dont celle du milieu est en rose. Les ailes des bas côtés sont éclairées, savoir : du côté droit par 5 croisées, et du côté gauche par 6. La nef et les bas côtés sont pavés en grands carreaux de pierre dure, parmi lesquels se trouvent plusieurs tombes. Dans le milieu de la nef est une chaire de bois de chêne couverte d'un tapis. La dite nef et les bas côtés contiennent 77 pieds de long sur 45 de large dans œuvre, le tout en bon état.

« De la dite nef nous sommes entrés dans le chœur, voûté en pierres dures sur piliers et branches d'ogive, ainsi que le sanctuaire et la sacristie. Dans le sanctuaire, nous avons remarqué un grand maître autel au-dessus duquel est un rétable à deux faces, construit à la Romaine, de bois de chêne, orné de sculptures, peint en gris à l'huile, sur lequel autel est un tabernacle de bois doré, couvert d'un pavillon avec, aux deux côtés, deux crédences et ensuite

1514 (1), louée 20 livres en 1564 (2), 7 septiers de seigle-avoine en 1668. D'autres acquisitions portèrent ce domaine à 46 septiers de terre

Le 4 janvier 1633. Le commandeur Coquillart cède à Charles le Vergeur, comte de Saint-Souplet, vicomte de Cramailles, baron de Chalerange, Passy, le Vergeur, la cense de Saint-Pierre-sur-Arne, que l'ordre avait reçue le 6 mars 1562, de Jean le Vergeur, seigneur d'Aix, contre la ferme de Contreuve, louée immédiatement pour une rente de 30 septiers blé-avoine, 2 quartels de fèves, 4 chapons, avec un pré à Condé-sur-Marne, la ferme de Saint-Pierremont, avec chapelle et lieu de pèlerinage.

La ferme de la Paix en Picardie, louée en 1685, pour 1100 livres, provenant de l'hôpital de Troyes, avec la cense de la Neuville de Beaumont.

Nous mentionnerons encore des biens à Tours-sur-Marne (1430) ; Clairiset (1439) ; Lagery (1442) ; Faverolles (80 journels), Verzy (1/2 journel de vigne) ; Grandchamp (60 journels) ; Montbré (vigne) ; Ambonnay, Condé.

L'hôpital subit de profondes transformations depuis sa réinstitution. Au xiv° siècle, il était toujours régi par un maître et des frères, une maîtrise et des sœurs, puisqu'on y recevait des pauvres des deux sexes. Mais de grands désordres s'y introduisirent, et en 1381, l'archevêque fit vendre une maison pour pourvoir à des répara-

---

(1) Guy de Maupas, commandeur.
(2) Amé Bratel, commandeur.

tions urgentes. Il fallut ensuite s'occuper du côté moral, et Guy de Roye s'en acquitta vigoureusement; il publia en 1391 une ordonnance défendant aux frères et sœurs de jouer, d'aller aux spectacles, de recevoir et de donner des repas; les obligeant à se dépouiller de tous leurs biens au profit de la maison en y entrant — et leur réservant un an de réflexion pour se retirer librement et reprendre en ce cas ces biens.

Jusqu'à cette époque, l'hôpital de Saint-Antoine de Reims était un établissement absolument indépendant et n'ayant aucun rapport avec l'ordre de ce nom. Quelques cas de la maladie du feu Saint-Antoine s'étant déclarés à Reims au commencement du xv⁵ siècle, l'archevêque appela un religieux de la commanderie de Troyes et l'installa à titre provisoire à la tête de son hôpital. Cet essai ayant réussi, Guillaume de Roye s'empressa de faire venir d'autres Antonins et conclut avec le commandeur, le 31 août 1407, un accord fort long que nous analyserons brièvement.

Le commandeur devait présenter un religieux prêtre de son ordre qui dirigerait l'hôpital et y résiderait, serait agréé par l'Archevêque, dirait la messe les dimanches et fêtes, donnerait les sacrements aux malades : l'archevêque pouvait le punir, mais en consultant l'abbé général : il resterait 3 ans en charge(1) Il devait tout diriger et ne rendre compte qu'à l'Archevêque.

(1) Il fut convenu le 17 avril 1111 que cette charge pourrait être à vie.

deux portes pareilles, surmontées chacune d'un petit obélisque peint, ainsi que l'autel, lesquelles deux portes servent d'entrée à la sacristie. Les dits chœur, sanctuaire et sacristie portent 10 toises 2 pieds de long sur 22 pieds dans œuvre.

« Le chœur est séparé de la nef par un grillage en bois de chêne surmonté d'un grand crucifix accompagné d'un côté d'une statue de la Sainte Vierge et de l'autre de la statue de Saint-Jean l'Évangéliste. Il y a de chaque côté 12 stalles, hautes et basses, en bois de chêne soigneusement sculpté ; au milieu un lutrin tournant de bois de chêne proprement sculpté, posé sur un marchepied de bois de chêne avec deux sièges pour les chantres; plus un autre petit lutrin pour épître et évangile. Dans le sanctuaire du côté gauche est un banc fermé, en bois de chêne, à l'usage des commandeurs, sur lequel a été sculpté une croix de Malte entourée d'un chapelet.

« Le chœur et le sanctuaire sont pavés en petits carreaux de terre cuite parmi lesquels se trouvent plusieurs tombes. Le chœur est éclairé par 4 fenêtres : 3 autres donnent sur le cul-de-lampe, lequel ferme la sacristie; tous les vitrages sont dans des châssis de fer garnis de plomb et verre.

« Le chœur est joint à deux grandes cancelles éclairées chacune par 8 croisées dont les 2 du milieu sont en roses : à droite, deux chapelles dédiées à Notre-Dame-de-Lorette avec des figures en pierre représentant la Résurrection et derrière un tombeau de N. S., derrière lequel sont les trois Marie et plusieurs autres figures en pierre dure de grandeur naturelle que l'on nous dit avoir été fait du temps du commandeur Sarradin qui y est représenté à genoux. Ce tombeau a 10 pieds de long sur 9 pieds 10 pouces et est éclairé par une fenêtre ; et à Saint Georges qui y est représenté à cheval sur pierre dure : au fond une croisée. A gauche, deux chapelles dédiées à la Sainte Croix qui y est peinte à fresque sur le mur ; et à Sainte Agathe ; il y a sur l'autel un tableau du martyre de la sainte ; il y a aussi les fonts baptismaux. Ces deux cancelles ont chacune 27 pieds de long sur 23, pavée en carreaux de terre et lambrissée.

« De la dite cancelle on passe dans un vestibule voûté en pierres dures qui conduit au grand corridor de l'hôtel du Temple ; il a 35 pieds de long sur 12.

« Le clocher est une grosse tour carrée en pierre dure avec 6 cloches bien sonnantes. Une belle croix de Malte en fer au dessus.

« Dans le cimetière est une très belle croix de Malte d'une seule pierre dure, en obélisque, sculptée des 4 côtés, supportée par 4 petits lions en cuivre massif posés sur un piédestal de pierre dure, surmonté d'une belle croix de Malte en fer ornée de fleurs de lys et feuillages, laquelle a été faite aux frais du commandeur Bellot.

« L'église possède : soleil en vermeil, un calice en vermeil, 2 en argent (1), encensoir avec

(1) « L'un d'eux vient d'un autre échangé par M. de la Potherie, qui était à Crilly, et qui n'a pu être rappoté depuis qu'il fut volé. »

lieu, plus tous ses biens, à charge d'être nourri et vêtu le reste de ses jours à l'hôpital.

1252 (Avril). Simon de Verzenay, chanoine de Reims, donne sa maison de la rue de la Tournelle à Reims pour 24 livres de rente viagère (Nicolas de Vaillac, chapelain de l'église de Reims, économe de l'hôpital).

1257. Pierrot le Bourguignon donne une maison, même rue.

1262. Don d'une maison rue du Carrouge, par......

Mais c'est surtout probablement en argent que l'hôpital reçut des dons considérables, car de 1245 à 1297, nous le voyons faire de grandes acquisitions de terres arables. En juillet 1245, Thomas, fils de Buesard, et Asseline, sa femme, vendent leur maison de Vrilly avec ses dépendances et 7 journels pour 100 livres. Depuis, nous trouvons entre les deux dates précitées, à Vrilly, Saint-Léonard et aux environs de la porte Basée, que l'hôpital dépense en achat de terres une somme totale de 2166 livres 3 sols 20 deniers (1). La cense de Saint-Léonard, qui posédait entr'autres un champ au lieudit la Croix de la Pompelle, était louée en août 1284, pour une rente de 5 septiers de blé à la saint Remy.

Cette cense, qui portait le nom de cense de Vrilly et était située entre Vrilly — ancienne dénomination du village de Saint-Léonard et la Pompelle, contenait, d'après l'arpentage fait au

(1) Énumérée en 27 chartes.

mois de décembre 1648, un total de 221 journels, 2 hommées, 7 verges 1/4 et fut louée par le commandeur Claude Coquillard à Nicolas Soyet, sieur de la Tour, demeurant au château de Bury, pour 200 livres et 30 septiers de seigle, le 23 décembre 1655.

L'hôpital possédait en outre la cense de Roussisson à Berru, louée au XVIe siècle, par Foulques Bourguignon, prêtre, maître de l'hôpital, pour 16 septiers de seigle-avoine, à charge de bâtir une maison convenable ; — une cense de 39 journels 1/2 à la porte Basée (1) ; une cense dite de la Tour à Marfaux, de 146 arpents avec 22 arpents de bois ; — un bois de 16 arpents à Germaine ; — 30 hommées de vigne à Sacy ; — des vignes à Berru (1474) ; Rosnay (1531) ; Sapicourt (1632) ; Champfleury (1651) ; — une cense à Pargny (1517).

En 1684, la maison échangea quelques champs à Champfleury contre un jardin à Reims.

Jean Forure, dit Aubry de Verzenay, donne ses biens de ce lieu, à charge d'être reçu comme convers à l'hôpital (30 mars 1517).

A Naurois, Pierre Bouchart, bourgeois de Paris, lègue une rente de 6 septiers de seigle pour son obit, le 26 mars 1542.

A Thuisy, Martin Drouet, patricien de la cour spirituelle de Reims, donne certain bien représentant 35 septiers, 2 quartels, 3 boisseaux de terre, 3 quartels 3 boisseaux de bois, le 10 mai

(1) Louée en 1611, pour 36 sept. de seigle, un d'avoine, 50 livres et 2 chapons.

navette, petite croix d'argent avec du bois de la vraie croix, 2 burettes, un plat, un ciboire, 3 boîtes aux huiles, 2 petits crucifix, châsse en bois doré, 8 lustres bois argenté, un reliquaire d'argent en forme de cylindre, un pied et le buste de saint Antoine revêtu d'argent, une châsse dorée, 8 chandeliers argentés, 6 grands et 2 petits argentés pour l'autel, grande croix argentée pour procession. »

LISTE DE NOMS DE COMMANDEURS.

REIMS :   Templiers. . . . .

HOSPITALIERS : Jean DE LA LANDELLE, 1377.

Pierre DE BERASCOURT, 1335.

Jacques DE SAINT-DIZIER, 1356.

Pierre D'ANCERVILLE, 1373, 1377.

Toussaint DE BERSEVILLE, 1388.

Adam LE GRUIER, 1395.

Jean CASSINET, précepteur de la maison et bailli de Reims. 1394, 1397.

Adam DE SAINT-JEAN, 1409.

Henri REMPOST, 1411.

Jean MOREAU, prêtre, 1430.

Louis ROUYER et P. MALISORE, administrateurs, 1430.

Jean DE BETSHORNE, idem. 1434.

Hector LE ROUX, gouverneur et administrateur de la commanderie, 1437, 1445.

Roger SERGEST, 1447.

Jean GOBERT, 1456.

Gauthier COULON, 1463.

François DE BOURDON, 1490, 1514.

François SABBADIN, 1529.

HOSPITALIERS : Guillaume VIARD, 1556, 1563.

Jacques CARDON, 1563.

Jacques BRAYSSE, 1581, 1597.

Marin COCHOIS, 1602.

Antoine WATTEBLÉ, 1610.

Claude BELOTTE, 1652.

Charles BELOT, 1681.

Jacques ASSELIN, religieux, 1652.

Jean DE BAILLY, 1697.

Gilbert ARQUIER, 1723.

Adrien de CARUEIL, 1736.

Antoine LE FEBVRE DE LA POTERIE, 1752.

Edmond HUET, frère servant, 1785-1789.

CRILLY.   Eudes, 1316.

P. D'ANCERVILLE, 1366.

PASSY.   Pierre COULIER, 1371.

Samson ROYZÉ, 1411.

Hue de SANCES, 1413.

Nicolas PEREL, 1414.

Jean FOULON, 1420.

Simon HANDY, 1460.

GRANDCHAMP.   Jacques CARDON, 1571.

POSTVRAY   P. D'ANCERVILLE, 1371.

Le revenu de la commanderie a donné les chiffres suivants :

Années :		
1495	315	livres.
1583	1500	
1618	3000	
1602	4100	
1733	10110	
1757	15180	
1783	24695	

III

Saint Antoine.

L'ordre hospitalier, mais non militaire, de Saint-Antoine de Grandmont, fondé au XIe siècle en Dauphiné, pour soigner spécialement les malades du « feu Saint-Antoine », comptait une maison à Reims, dans la rue de l'Université.

Saint Remy avait fondé une collégiale de treize prébendes, à charge, par les titulaires, de fournir quotidiennement à un pauvre rémois un pain et un denier. Cette institution déclina assez rapidement, mais l'Archevêque Guillaume de Champagne transforma la fondation de Remy en un hôpital dédié à Saint Antoine, qu'il installa près d'une de ses fermes, à la porte Basée. La charte constate que la maison qui joignait la grange devait loger vingt pauvres auxquels était affectée la libéralité de Saint Remy. Guillaume y ajouta : une rente de 8 muids de blé sur la vicomté ou (sic) halle de Reims ; une autre de 70 muids de vin sur sa vigne du Mont-Vallon ; la desserte du mardi et du jeudi sur la table de l'archevêché ; une rente de 25 livres rémoises sur la vicomté pour les vêtements et les frais de cuisine ; une autre de 2 charettes à 4 chevaux du bois à prendre dans la forêt de Chaumuzy, à charge pour le fermier de nourrir 2 vaches pour fournir le lait aux infirmes, pour le jardinier de l'archevêché de faire la lessive. Le

prélat fixait la grosseur des pains à 20 par
quartel de blé et autorisait les pauvres à avoir
un serviteur portant l'habit religieux et jouissant
des privilèges et exemptions ordinaires (1201).
A la tête de la maison fut placé d'abord l'in-
tendant de l'archevêque, puis un religieux
dénommé « maître frère » (1255): une charte du
roi de l'année 1205, en confirmant cet établissement, lui donne le nom « d'hôpital de Saint-
Antoine. » Les donations ne manquèrent pas à
la nouvelle maison : nous allons énumérer les
principales:

1247 (Avril). Geoffroy de Taissy, chevalier,
et Isabelle, sa femme, autorisent le maître de
l'hôpital de poser deux ventaux sur la Vesle à
Vrilly et de faire passer la rivière aux gens et
bêtes de la maison, moyennant la remise d'une
somme de 20 livres. Le mois suivant, le même
chevalier rend neuf livres sur cette somme en
récompense de ce que l'on a reçu sur sa
demande un parent dans la maison.

Il confirma en 1268 sa libéralité qu'il avait
voulu contester après coup, du consentement de
sa sœur Felisenne, femme de Gérardin, écuyer,
Alix, sa femme, et Isabelle, son autre sœur,
femme de Richer de *Hospicio* (1).

1205 (Novembre). Drouard, dit Château de
Saint-Léonard, donne 7 journels de terre audit

(1) Nouvelle contestation terminée par une nouvelle reconnaissance, au
prix de 6 livres par Oucard de Crécy, écuyer, et Alix, sa femme, veuve
de Milet de Taissy, écuyer, Jean de Taissy, écuyer, frère de Milet,
(janvier 1291).

VISEPPE

Ponçard, vicomte de Dun, « beneficiorum domus Templi particeps, » du consentement de sa femme Rebecca, de leurs enfants, Richer, Ricard, Nicolas, Milon, Gila, Isabelle, Aude ; de Mathilde, femme de Richer, de Ricard et Ponsard, leur fils, donne à la maison de Rametz 4 fauchées de pré audit lieu, « Tantum videlicet » quantum IV falcatores possunt falcare per » unius spatium diei. » Plus 20 sols en son four de Dun, à la Saint-Jean-Baptiste. Témoins : Varnier d'Apremont, Poitevin de Dun, Herbert de Sacy, Hugues de Bosenvais, Gervais de Loro, Vautier de Mure ; frères Pierre de Moncione, précepteur des maisons du Temple en France ; Pierre de Corley, précepteur de Mellaut ; Pierre Exciton, Robert de Roia, Hugues de Banteville, Drogon et autres frères. Consentant, Geoffroy, seigneur de Dun. An 1192.

VI. — GRANDCHAMP

Grandchamp, près de Nouvion-Porcien, dans les Ardennes, doit sa fondation à Elisabeth, sœur de Roger, sire de Rozoy. Ce seigneur confirma, au mois de décembre 1205, la donation d'Elisabeth, consistant en sa maison de Grandchamp avec le mobilier, avec une charrue de terre et deux parts des moulins, pour l'entretien des deux religieux attachés à la chapelle que l'on allait construire (1). Son fils Geoffroy

(1) Grand sceau rond. SIGILLUM. ROGERI. DE. ROSETO, cavalier, contre : S. ROGERI. DE ROSETO. Ecu chargé de 3 faces.

trouvant la libéralité probablement trop considérable, voulut s'y opposer, mais il se contenta, d'après la charte de Raoul, sire de Château-Porcien, son frère (avril 1208), d'obliger les religieux à lui demander permission chaque fois qu'il acquérerait quelque chose à Grandchamp, et encore ajouta-t-il à l'aumône maternelle l'usage de ses bois et pâturages (1).

Les choses cependant durent subir quelques difficultés, car par une nouvelle charte de juin 1221, Elisabeth, dame de Château-Porcien, sœur de Roger de Rozoy, reprit sa maison pour y établir à ses frais un chapelain de l'ordre et un frère lai, stipulant qu'après sa mort, la maison retournerait aux Hospitaliers avec toutes les améliorations qu'elle aurait pu y faire faire. Nous mentionnons encore :

Confirmation de ladite donation par Nicolas, sire de Rumigny, et Elisabeth, sa femme, fille d'Elisabeth de Château-Porcien (6 février 1220).

Amortissement des terres achetées à Colart Mairiaux d'Aubenton, accordée par Evrard de Rumigny, sire de Signy-le-Petit (février 1270).

Amortissement pour les terres acquises par le don de Gilo de Roisi, chevalier, et d'Isabelle sa femme, moyennant 11 livres 6 sols 1 denier, payés au roi par Nicolas de Rivo, « preceptor seu « magister domorum hospitalis sancti Johanni « Iheroso lamitant in civitate et diocesi Remensibus » (février 1202).

La maison était située sur le chemin de

Grandchamp à Wagnon et la cense comprenait 90 journaux en 1497, avec un vivier et un moulin : d'après les baux, elle rapportait 7 livres en 1497 ; 70 livres en 1567 ; 385 en 1757 ; et 510 en 1788.

SAINTE-MARIE-SOUS-BOURCQ

Raoul dit le Normand et Pérette Marotte, sa femme, donnent leurs biens meubles et immeubles (avril 1258).

Guyart de Sainte-Marie, seigneur de Chappes, écuyer, se désiste de son procès au sujet d'acquets de terres et se réservant la seigneurie et le cens (juillet 1345).

LE CHÊNE-POPULEUX

Bail de terre passé en 1555 pour 20 livres par an.

THOIGNY.

Moulin loué 10 livres en 1520.

CHATEL-ET-PORCIEN

Surcens mentionné en 1385.

LA MALMAISON

Gislebert de Brecis, clerc, fait savoir que Alberic de Cour'isiaco, chevalier, Lucie, sa femme, fille de feu Réginald de Donchery, chevalier, du consentement de Clémence, sa veuve, donnent à l'hôpital de Saint-Jean « et pauperibus transmarinis de Maladomo » ce qu'ils possédaient en ce territoire, touchant à ladite maison, sauf les terrages de Nouvion. An 1427, 4ᵉ férie après la Saint-Nicolas d'hiver.

VII. SAINTE-CROIX

Cette maison, située dans la paroisse de Baalons, près d'Omont (Ardennes), remonte au moins au commencement du XIIIᵉ siècle. Au mois d'avril 1213, Salomon de Baalons, chevalier, par devant l'archevêque de Reims, renonce aux revendications qu'il soulevait au sujet de l'usage d'un bois audit Baalons : il laisse aux religieux, habitant la maison de Sainte-Croix, l'usage pour le chauffage et la construction en ne prenant que des hêtres et des chênes et ajoute le pâturage moyennant un cens de deux setiers d'avoine.

Elle était située sur le chemin de Mézières à Attigny. La cense comprenait 112 arpents; elle était louée en 1497 pour 4 livres tournois, pour 130 livres en 1698; 200 livres tournois, 15 livres de chanvre, 30 livres de beurre, en 1732; 400 livres en 1788. La maison avait été en partie rebâtie d'après un marché dressé le 26 août 1571, pour la construction d'un corps de logis de 48 pas de long sur 30 de large. Il y avait en outre 32 arpents de bois exploités à part.

Le commandeur de Reims avait haute justice et seigneurie.

Nous n'avons pas besoin de parler en détail de la suppression de l'ordre du Temple. L'exécution eut lieu dans le diocèse de Reims comme dans le reste de la France et comme partout, les Hospitaliers furent appelés à recueillir la riche succession si violemment ouverte. Ils ne paraissent avoir apporté aucun changement à l'organisation des maisons ou membres que nous venons de passer en revue, car nous trouvons parmi les titulaires de Reims, plusieurs d'entre eux portant en même temps d'autres titres de notre diocèse. Pierre d'Ancerville, commandeur de Reims (1373), Pontvray, (1371), Clivy (1366); Jacques Carlon de Reims (1568) et de Grandchamp (1571), etc. D'autres, comme Jean Cassinet, s'intitule précepteur de la maison et bailli de Reims en 1394. Mais tous s'efforcèrent d'accroître les richesses de la commanderie en augmentant ses propriétés et en améliorant l'exploitation de ses vastes biens ruraux. Nous allons énumérer brièvement les documents qui concernent, soit les localités où les Templiers avaient déjà été propriétaires, soit de nouvelles où les Hospitaliers devinrent propriétaires.

BERMÉRICOURT

Achat d'une maison à Poncelet Gastinois pour 120 livres (1511).

Achat d'une autre maison pour 320 livres (juillet 1670).

La cense comprenant 160 journels en 1452, était louée pour 18 septiers de blé et autant d'avoine; en 1723, comptant 145 arpents, elle rapportait 200 livres 50 septiers d'avoine; en 1786, la redevance monte à 862 livres et 24 boisseaux d'avoine et 2 agneaux. La maison était dans la Grande Rue. Le commandeur avait toute justice dans la paroisse, cens, etc., plus droit de bourgeoisie produisant par ménage un septier d'avoine et 2 poules.

BOUZY

Propriété arpentée en 1673 d'un triage de bois entre Bouzy et Louvois dit la Perche de Bouzy.

CHENAY

Bail des terres de la commanderie passé le 10 septembre 1593, pour une redevance de deux écus soleil.

CORMICY

Nombreux cens mentionnés dans un registre spécial rédigé en 1501.

Bail de terres sises à Cormicy et à Saint-au-Bœuf passé le 31 mars 1582 pour 2 écus soleil et 8 septiers de seigle.

COULOMMES

Don de 4 sols de cens sur le vinage par Albéric Buirons dit Apostoles, à charge de son obit (octobre 1367.

COULONGES-EN-TARDENOIS

II., vidame de Châlons, seigneur de Bazoches, confirme le don fait par son prédécesseur,

Nicolas de Bazoches, aux religieux de la maison de Passy, d'une charrette de bois à prendre chaque jour dans la gruerie de Coulonges (avril 1311) (1).

COURCELLES

Cens et mairie (1540). — Prés (1530).

CUNEL-EN-BARROIS

Moitié des dîmes.

LEFFINCOURT

Patronage de la cure érigée en 1546, seigneurie, mairie, moitié des dîmes, offrandes des trois grandes fêtes. La cense comprenait 27 pièces de terre.

EPERNAY

Bail des vignes passé le 6 janvier 1377 pour 18 septiers parisis et une chopine de vin; il y en avait 2 journels 1/2.

EPOYE

Seigneurie d'une rue, 13e part des menues dîmes, droit de vendre du vin, rentes, vinages, etc. (1587).

FRESNE

Seigneurie d'un canton avec mairie, etc.

---

(1) Sceau aux armes de Châtillon.

HERMONVILLE

Achat de diverses parcelles de bois taillis (1561, 1575, 1576, 1577), au prix de 60 sols les deux boisseaux.

Bail de la maison dite du Temple, avec prés, terres, etc., passé le 2 juillet 1555, pour 10 livres par an, élevé à 20 livres en 1584. La cense fut achetée en 1465.

La commanderie y avait aussi une maison avec un pressoir et quelques vignes. Plus une vigne à Marzilly, dépendance de ce village, louée pour 20 sols en 1569. Hermonville dépendait anciennement de la paroisse de Berméricourt.

LUDES

Vente par Jeanne de Maires, veuve de Hermont Alexandre, rémois, d'une tuilerie pour 6 livres 10 sols (16 mai 1428).

Reconnaissance de 26 sols 6 deniers de surcens sur terres tenues par Jean Jacob et Jacques Mauffait (1520).

La tuilerie était louée le 16 avril 1434 à Colesson le Couvert pour une rente de 4,000 tuiles.

MONTHOIS

Patronage: tiers des dîmes, novales, rapport de fer; biens à Corbon, Saingly, Avecques.

MORONVILLIÉRS

Patronage : tiers des dîmes, part de seigneurie.

PASSY

Humbert de Neuville, gruyer du vidame de Châlons, ordonne au sergent de la gruerie de maintenir les religieux de la maison dans leur droit de faire pâturer au bois de Maignières, au territoire de Goussancourt (décembre 1338).

Relation de l'exécution de cet ordre par Colin e Forestier, sergent de la gruerie (janvier 1338).

Bail du bois Feuillé, dit de Passy, à Sainte-Gemme, passé en 1606, comprenant 10 arpents, pour 5 sols de cens, 25 sols de surcens, 2 chapons.

La cense était louée en 1517 pour 80 septiers de blé, autant d'avoine, 12 chapons et 7 livres 10 sols ; en 1630 pour 600 livres et 6 chapons.

Par décret du chapitre provincial, la réunion de la commanderie fut ordonnée à celle de Reims, pour le prouffit et utilité de nostre religion, laquelle commanderie est de petite valeur tant à l'occasion des guerres comme autrement et vu la proximité d'icelle à nostre commanderie de Reims. » (20 janvier 1470). La chapelle cependant subsista et le curé de Passy y dût dire une messe par semaine jusqu'en 1789.

PÉVY

Don d'une maison par Simonne, veuve de Fouquet Merlin, à charge de son obit (21 avril 1485).

POUILLON

Legs d'une vigne par Jean Grioton, chapelain de la cathédrale (7 juillet 1552).

ROMAIN

Vente du tiers des dimes par Jean Caron, écuyer, fils de Renard Caron, Elu à Reims (décembre 1476).

Vente d'un champ par Agnès, veuve de Jean Chandon, rémois (31 janvier 1421).

REUIL

Bail de 2 pièces de vigne, passé le 21 septembre 1354, au nom de Renaud de Chigny, commandeur de Passy, pour une redevance de 7 septiers de vin.

SAVIGNY-SUR-AISNE

Patronage : tiers des dimes.

SAINT-MOREL

Patronage : deux neuvièmes des dimes.

SAINT-HILLIER

Un 48e des dimes.

SACY-EN-TARDENOIS

Cense de 27 arpents, provenant de la maison de Passy, louée en 1578 pour 28 livres et pour 90 et 4 chapons en 1685.

SUGNY

Patronage : moitié des dimes, plus un quart (1584).

Savigny

Quelques droits seigneuriaux (en 1581).

Trigny

Legs de vignes par Denis de Compiègne, à charge de son obit (1515).

Thogny

Moulin depuis 1520.

Vandy et Ballay

Patronage : tiers des dimes.

Vaudesincourt

Patronage : moitié des dimes, seigneurie d'un canton : préciput de 19 septiers de blé-avoine, don d'autel.

Villers-Franqueux

Mairie, moyenne et basse justice, cens, bourgeoisie, lods et ventes, maison, etc. (1587).

Voulzy et Falaise

Terres acquises en 1652. L'ordre en possédait déjà.

Verzy

Deux pièces de vignes près de l'abbatiale.

ÉTAT DES PROPRIÉTÉS DE LA COMMANDERIE
DE REIMS, DRESSÉ EN 1748 (1).

Maisons à Reims, savoir : 3 rue du Temple, 4 au coin de la rue, une rue des Bouchers, Monginglon, de la Hure des Telliers, Neuve, faubourg Cérès, une près du cimetière Saint-Jacques, 2 derrière le jardin de la commanderie, une dite le Château de Madrid, à côté de la précédente.

		Livres.	
Ferme de Sainte-Croix, louée.............		400	
—	Berméricourt...................	650	31 septiers avoine.
—	Crilly (281 arpents).............	900	
—	Romain (et dîmes).............	800	4 chapons.
—	Passy.....................	3.100	
—	Grandchamp.................	400	
—	Moulin du lieu..............	140	
—	Villers-Agron (et dîmes).........	173	18. 7d
—	Hermonville.................	112	
—	Vouziers et dîmes de Saint-Morel..	2.800	
—	Pronilly	• •	21 septiers avoine, 4 chapons.
—	Saint-Jean-de-Rametz...........	600	
—	Clary, Mouza, Domevoux.........	120	
—	Saulmory, Wiseppe. .... •	90	
—	Chêne-Populeux	24	
—	Leffincourt et dîmes)............	430	
—	Baconnes......	100	
—	Trépail	15	
—	Prunay	50	
—	Ay.........................	210	
—	Damery.....................	50	
—	Mareuil..............	30	

(1) Le revenu total était en 1455 de 317 livres 9 sols.

Le même, devenu chevalier de Romain, et Hélinde, sa femme, vendent des champs à Romain (octobre 1230), prés et vivier contigus au moulin (novembre 1247).

Au moment de la réunion des biens du Temple à l'ordre de Saint-Jean, la « maison » de Romain comprenait 18 septiers de terres arables rapportant 50 sols tournois; six de vigne, rapportant 8 livres; le quart d'une fauchée de pré valant 6 sols et diverses masures louées 40 sols. Le commandeur avait la basse justice de son domaine et quelques cens. L'inventaire de 1333 qualifie la maison de « Magna domus. »

IV. — PROUILLY (Proelium)

Ebale de Prouilly, chevalier, et Agnès, sa femme, donnent pour la fondation d'une chapelle en l'église de la commanderie : une rente de 12 septiers de blé d'hiver (mesure du lieu), à prendre sur le moulin du village; une rente de 8 muids de vin du lieu, dus audit Ebale, par Milon de Saint Lambert, chevalier; une rente de 20 sols monnaie rémoise, sur la pêche de la Vesle, audit lieu; la vigne du moulin à Usseume; une rente de 10 sols sur les cens du village; plus après eux, une augmentation de 4 muids de vin sur les vinages de Prouilly; enfin lesdits donateurs autorisent Antoine Reinier, clerc de Prouilly, pourvu de cette chapellenie, à lui laisser tous ses biens, à la réserve des cens dus au Seigneur. Il est stipulé qu'après la mort dudit Reinier, la chapellenie appartiendra entièrement à l'ordre (décembre 1231).

Confirmation de ladite charte par Jean de Tannoye, chevalier, sire du Chastel et Agnès de Vervins, sa femme (octobre 1352).

II

Les Hospitaliers dans le diocèse de Reims.

Les Hospitaliers de Saint-Jean de Jérusalem ne furent pas établis à Reims tant que subsista la milice du Temple, mais ils avaient dès cette époque de très-importants domaines dans le diocèse, c'est-à-dire les commanderies de Crilly, de Saint-Jean de Rametz, de Grandchamp et de Sainte-Croix.

Nous avons peu trouvé de titres relatifs aux possessions rémoises : nous citerons seulement : 1° don de 32 sols de surcens fait sur sa maison, par Agnès, veuve de Raoul de Bazoches, et d'un étal à la Poissonnerie, à charge de célébrer solennellement son obit (mars 1421).

I. — CRILLY

Crilly, dénommé Clivy dans tous les anciens actes « Domus Hospitalis Iherosolimitani de Clivi, » était une commanderie située entre Vaudemange et Ambonnay, avec, d'après l'arpentage du 5 juillet 1672, « haute, moyenne et basse jus-

» tice, maison, chapelle, cours, grange, jardin
» clos de murailles, fontaine, en total 350 sep-
» tiers, 1 quartel et 12 verges de terre. » Elle
était de très ancienne fondation, mais un seul
acte nous a été conservé, ce qui s'explique par
la violence des guerres du XII° siècle dans ces
parages, qui amenèrent la ruine de la maison et
sa réunion à celle de Reims. Cet acte est une
confirmation de biens à Bouzy, par Pierrot de
Tours-sur-Marne, écuyer, en 1248. Des bois
assez considérables en dépendaient à Crilly
même, dits la Perche de Crilly, à Condé, Vaux,
Bouzy, Tours et Ambonnay, et rapportaient dix
livres en 1528; 28 et 2 poinçons de vin en 1543;
50 livres en 1556; 400 livres en 1663.

Les guerres dont nous venons de parler em-
pêchèrent de cultiver les terres : les bâtiments
et la chapelle furent dévastés; ce qui s'explique
facilement quand on pense qu'il y avait alors des
garnisons d'Armagnacs et de Bourguignons à
Louvois, à Ambonnay, à Tours, à Juvigny, etc.
Un bail de 1565 prouve qu'on ne songeait pas à
remédier à cet état de choses, puisqu'il parle de
Crilly comme « d'un lieu où d'ancienneté souloit
» avoir maison et autres édifices qui, depuis
» longtemps sont tombés en grande ruine par
» les guerres et les terres à cause de leur sté-
» rilité, parce qu'elles sont en haut Champa-
» gnes, sont la plupart en friches. »

La commanderie avait haute justice et seigneurie. La chapelle dédiée à saint Jean-Bap-
tiste avait droit à une messe tous les dimanches. Après la réunion de la commanderie, on

n'en célébra plus qu'une par an, à la fête patronale. Le curé de Condé recevait 3 livres pour ce service. Les habitants de Crilly ne relevaient paroissialement que de l'église de la commanderie de Reims et y devaient faire leurs Pâques. Crilly rapportait 26 livres 5 sols en 1495; 400 livres en 1757 et 500 en 1788.

La maison fut brûlée en 1599 et relevée; la ferme existe encore avec la même contenance, mais les derniers vestiges des anciens bâtiments ont disparu en 1824. Une croix s'élève sur l'emplacement de la chapelle qui était ogivale et éclairée par deux fenêtres au sud et au nord.

Une sentence du 2 octobre 1384, reconnut à l'hôpital de Crilly la possession des parts de bois à la Nave du Temple à Louvois, à Trépail, Vaux, Vaudemange, Bouzy et Tours-sur-Marne.

Ay

Bail des prés d'Ay et Mareuil passé en 1611 pour 200 livres. L'un de ces prés provenait de Drogon Blanchart, chanoine de Reims, qui l'avait acquis pour 58 livres 10 sols forts, de Pierre Sade, du consentement de Baudoin Halez et Simon d'Ay, chevaliers, au mois de février 1231.

Ambonnay

Bail de 14 quartels de vigne, sis aux territoires d'Ambonnay, Tours, Isse (février 1240). Legs de terres et vignes par Ponsardin

d'Ambonnay « au profit de la maison de Clivy »
(1387).

Bois, champ Morin.

Bouzy

Perrot dit le juif, écuyer, vend à l'hôpital de
«Clivy» un bois vers le mont dit Mondemange
pour 100 livres et 2 septiers de cens (1218).

Vignes, l'acte de 1377.

Baconnes

Drogon, prévôt, Foulques, doyen, Thomas,
chantre, et les autres chanoines du chapitre de
Reims font savoir que Baudoin de Marchcello,
du consentement de sa femme Havvide, de
leurs fils et de ses frères, donnent à l'hôpital de
Saint-Jean tout ce qu'ils possédaient à Baconnes,
savoir : moitié d'un *mansus dominicus*, four
bannal, 8ᵈ et 1 obole de cens, une demi-poule,
une demi-ouche et tout autre bien, sauf les
«feodaria»; plus une somme de 30 livres rémoises
pour les pauvres. Cautions: Jean, frère de Baudoin, Hugues de Soleréio. Consentants : Esnaud
de Vico meorum, sa femme et ses fils, suzerains. Témoins : Grégoire et Raoul, prêtres;
Etienne Milon, Nicolas, diacres; Alain, Jean,
Amarie, sous-diacres (sans date, vers 1190).

Accord intervenu avec l'archevêché au sujet
de biens saisis indûment comme vacants, 15
mars 1373.

La déclaration souscrite par les habitants en
1588, porte: chaque chef d'hôtel doit 2 quartels

d'avoine et une poule pour bourgeoisie ; les veuves, la moitié. A la Saint-Michel, au cas où les poules manqueraient « réellement », on paierait à la place 2 deniers.

Chaque bourgeois doit à la mi-carême 12 deniers à peine d'une amende de 7 deniers. —

Ces deux droits indivis entre le commandeur de Reims et le s' d'Amboise.

Chaque tavernier doit demander au commandeur congé de cuire pain blanc ou pâté, et doit deux ou quatre gros à la Saint-Michel, selon l'importance de l'établissement.

Chaque bourgeois doit à Noël payer un denier au commandeur.

Acte de rachat de la seigneurie de Baconnes à Pierre Brichot, marchand à Châlons, pour 70 livres comme remboursement après vente faite par ordre du roi, pour la rançon de François I⁰ (18 décembre 1564).

Le censive de 1497 constate, en effet, que l'ordre avait acquis toute la seigneurie : « En toute la » ville et terroir de Baconnes, l'hôpital, à cause » de la maison de Clivy, toute justice haute, » moyenne et basse, avec divers cens et rentes. » Le domaine comprenait 31 septiers de terre.

COURTAGNON

Viart de Portes, prévôt de Nanteuil, confirme le legs fait par sa femme, Bonne-Sœur, de 10 septiers de rente sur le moulin au profit de l'hôpital de Clivy (sans date).

LIVRY

« Guido dei gratia cathalaunensis episcopus,

solent res etiam bene geste a suo statu alienari, ea propter notum fieri volumus tam futuris quam presentibus sancte matris ecclesie fidelibus quod Milo cathalaunensis miles domini Gerardi filius in extremis positus pro animo patris sui et pro remedio anime sue et predecessorum suorum dedit in perpetuam elemosinam fratribus hospitalis de Iherusalem modium annone medietate siliginis, medietate tremesi ad mensuram remensem in molendino apud Livreium singulis annis assensu et voluntate matris et uxoris sue : assensu etiam et voluntate Guidonis de Germinon et Petri de Burcho et heredum suorum. Et ut hec rata et inconcussa permaneant presentem cartulam sigilli nostri impressione corroborari fecimus. Testes sunt : Thomas sancti Petri de Montibus et Rogerus Omnium Sanctorum de Insula, abbates : Matheus archidiaconus, Jacobus, decanus, Jacobus, thesaurarius, Odo Tochardus et Robertus, presbyteri, Guido de Mocleine, Gaucherus de Estrepeyo, Macharius, Hugo de Porta Materne, Johannes senescalcus, Stefanus buticularius, Gaufridus Ruffus, Milo de Cernun et multi alii. Per manum Gerardi archidiaconi et cancellarii nostri. Anno ab incarnatione domini 1185. »

MAREUIL-SUR-AY

Don par le comte de Champagne à l'hôpital de Clivy de 2 charretées de foin, à prendre chaque année dans ses prés de Mareuil (sans date).

Don de six fauchées de pré au ban du roi, par

Gauthier, seigneur de Mutry, au profit de la maison de Chivy (mercredi après les brandons, 1316).

Bail de la vigne de la Croizette, pour 3 caques de vin (1515).

TOURS-SUR-MARNE

Location de prés pour 40 sols à Louis de Rouvroy, écuyer, demeurant à Tours (1507).

Eustache de Conflans « donne au Temple de Jérusalem » 11 journels de terre à Tours et les bois sis sur Bouzy et sur Ambonnay, du consentement d'Ermengarde, sa femme, d'Eustache, leurs fils. Témoins : Humbert, prêtre de la Sainte-Trinité ; Arnould, Sulpice, Louis, prêtres, chanoines de Toussaint ; Holdebrand, profès de l'hôpital et clerc; Colin de Villario, Simon de Porte-Marne, Herbert d'Aigny. Fait en l'abbaye de Toussaint, Bernard, abbé, l'an 1195.

Drogon, chanoine de Reims, donne à l'hôpital de Jérusalem 18 fauchées de pré, audit lieu, achetées à Pierre Sade (juillet 1232).

Legs par Pierre dit Greno, chanoine de Reims, de la grange et dépendances, achetées à Guillaume le Bâtard, 1247.

Drogon Blanchart, chanoine de Reims, donne à l'hôpital de Saint-Jean 19 fauchées de pré audit lieu pour être rattachées à la maison de Panriclois, et être employées à l'augmentation de la pension des chapelains qui sera instituée, à la condition que la chapellenie ne sera jamais vacante (octobre 1313, devant l'archevêque de Reims).

Baudoin, écuyer de M....ccio, et Isabelle, sa femme, demeurant audit Tours, reconnaissent devoir à l'hôpital de Clivy une rente de 4 septiers de blé sur deux champs à Tours (dimanche après l'ascension 1287).

Pierre, dit Briega, de Mareuil, demeurant à Tours, donne une rente d'un septier de blé audit hôpital de Clivy (décembre 1282).

TRÉPAIL

Rente de 2 mines de blé, due à l'hôpital de Clivy sur héritages audit lieu, appartenant à Jean Guiotel et Manassés le Prévôt, dudit lieu, en 1388.

PONTVRAY

Cette maison, diversement dénommée : Ponneroy, Pontucrois, Ponturay, Pontyray, Pontvray, était, dit un acte de 1281, située sur la « Velle, entre Sillerie et Baumont, sur le chemin de Reims et de Chaalons. » Le premier acte qui la fasse connaître est une charte de Henri, archevêque de Reims, de juillet 1232, dénonçant le don de 18 fauchées de pré à Tours-sur-Marne, au profit de la maison de Pontucrois, pour augmenter le revenu des chapelains et assurer le service de la chapelle.

Etienne, abbé de Saint-Basle cède à Raoul d'Orléans, commandeur de Boncourt, mandataire de Jean de Capriaco, prieur de l'hôpital en France, le marais de la Crevasse, sis entre la maison de Pontvray et celle des Logettes, appartenant à l'abbaye, en échange de terres

situées entre ce marais et la route de Reims
(juin 1273).

Don par Guy de Sillery, chevalier, qui cède des
pâturages audit lieu (1) et un cens de 8 septiers
sur la maison (janvier 1281).

Bail de la maison de Pontvray à Noël, dit
Couche cuffaye, de Prunay, pour une redevance
de 140 septiers de grain (1357).

Les guerres se firent également sentir dans
ces parages, et à la fin du xv⁰ siècle, la maison
tombait en ruines : elle fut rebâtie en 1495,
comme nous l'apprend le procès-verbal de la
visite priorale. « A deux heures de Reims, il y a
une ferme appelée Pontevray, en laquelle la
» commanderie a toute juridiction, et y a une
» chapelle que le commandeur a fait réparer
» tout de neuf depuys deux ans et demi d'une
» messe par sepmaine. Oultre plus y a fait
» faire, le dit commandeur, maison et grange
» tout de neuf, qui sont pour l'usage du fermier
» qui donne le pourfit en grain, moitié seigle et
» avoine xviii sestiers. »

Ces bâtiments semblent avoir été mal entre-
tenus, car au commencement du xvii⁰ siècle,
ils n'étaient plus logeables. En outre le marquis
de Sillery, en faisant construire une levée de
150 pieds le long de la Vesle, au-dessus de ce
village, provoqua de dangereuses inondations.

---

(1) Droit de pâturage pour le bétail de la maison dans ses prés
» de ci et de là l'eau entre la maison susdite et celle de Sillery
» jusqu'à Puisieulx, là où les pâquis sont contre la maison de Sillery. »
avec droit de prendre de la marne dans ses terres, et renonciation à
ses droits seigneuriaux sur la bouverie et le four.

L'ordre plaida vainement et se décida à vendre
son domaine que le chancelier Brulart s'empressa d'acheter au prix de 6,300 livres (14 novembre 1617), réemployée par l'acquisition d'une
cense à Crugny ; l'achat fut résiliépar la suite et
remplacé par celui d'une maison à Paris, rue
de Saintonge, le 1er avril 1617. L'acte détaille
ainsi le domaine de Pontvray : « Terre et sei-
» gneurie entre Sillery et Baumont avec haute,
» moyenne et basse justice, pâture sur la terre
» de Sillery des deux côtés de l'eau jusqu'à
» Puisieulx, comprenant 155 septiers de terre
» et un quartel de pré ; maison avec cuisine,
» grenier, chambre, chapelle, colombier, grange,
» étable, bergerie, jardin, cour, de 7 septiers,
» 2 quartels, 24 verges en total. »

PRUNAY

Les Hospitaliers de Pontvray avaient d'assez
nombreuses propriétés à Prunay. La plus ancienne acquisition date du mois de juillet 1361.
Jean de Saint-Dizier y déclare donner tous ses
biens de Prunay à cause de l'affection qu'il
portait à M. d'Ancerville, commandeur de
Reims et dénommé aussi en 1371, commandeur
de Pontvray.

Vente de divers biens par Jean Herbesson et
Jean, fils de Julien de Baria (année 1362).

Vente d'un jardin rue du Four, par Jean,
fils de Louis Sadier (décembre 1368).

Vente d'un champ par Paquette, veuve Lar-
doulin (1er décembre 1370).

Échange d'un chemin avec Remi Lécuyer,

Jean le Champenois et Johannin son frère, de
Prunay (décembre 1372).

Vente par Jean Coquerel, de moitié d'une
grange et d'une étable pour 40 sols (juin 1372).

Vente par Jean et Jesson Touche, frères,
d'une masure, rue du Four, 6 florins 6 sols
(mai 1371).

Vente par Jean Champ Fleury, d'un jardin
au Poncel, pour 5 florins 1/2 et 4 sols (juin
1371).

Le livre des revenus de Prunay, rédigé en
1371, mentionne une maison et dépendances,
rue du Four, louée 14 sols. La cense totale était
louée en 1706 pour 15 septiers, blé et avoine
par moitié.

Près de Prunay existait un village dit la Neu-
ville-Morentienne, qui a disparu au xve siècle.
Les Hospitaliers y avaient, rue de la Barre, une
maison louée avec ses dépendances pour 16
sols, en septembre 1389, à Jean Malot.

V. — Saint-Jean-de-Rametz

Cette maison dépendait de la paroisse de
Villers-devant-Dun, aujourd'hui dans le dépar-
tement de la Meuse. C'est une des plus an-
ciennes de l'ordre dans le diocèse. Nous trouvons
en effet une charte non datée, mais portant pour
indication l'an 1191, par laquelle Olric de
Mosans s'engage à laisser à la *maison* de Rametz le produit d'un pré jusqu'à ce qu'il ait rem-
boursé une somme de 20 livres à lui prêtée, et
l'année suivante le vicomte de Dun aumône une

livres rémoises, la rente de 8 muids de blé qu'il possédait sur les moulins de Vouziers (mesure du château, dit *Burgum*), l'eau de la rivière, depuis sa maison jusqu'à l'eau des moines, sous le pont de Vouziers, avec la pêche, les ventaux, eaux mortes et vives; plus l'usage pour les troupeaux des fermes de *Suriana* et d'*Yda* de pâturer dans les prés au-delà de l'Aisne, le droit de parcours dans toute la seigneurie (1). Sous l'épiscopat de l'archevêque Samson, Olric d'Ardeuil avait donné en pure aumône les moulins avec l'eau et la pêche, biens provenant de la succession de sa femme (2).

Henri de Vouziers n'avait pas oublié les Templiers dans ses libéralités, et au mois de mai 1212, du consentement de Baudoin de Saint-Pierre, chevalier, il leur avait donné une maison à Vouziers avec des terres et des prés (3).

Les moines de Saint-Thierry, trouvant trop dispendieux l'entretien de ces moulins, sis sur le ruisseau de Marizy, s'en défirent au profit des Templiers en échange des moulins d'Aubérive, avec les cens, rentes, etc., que l'ordre possédait en ces lieux et à Herpignécourt, au mois de mai 1271. Cette cession comprenait la rivière

(1) Intervinrent à cet acte : Ponce, sa femme ; Baudoin, Nicolas, Ulric, Guy, leurs fils, Marguerite, Isabelle, Sybille, leurs filles ; Mathilde, Aveline, religieuses à Origny, sœurs de Henri ; Guy de Cernay, Gérard, clerc, son frère, Guy de Belestre, son oncle ; Guy, châtelain de Monte, suzerain. Pleiges : Odon du Chêne, Garnier de Brecy, son neveu ; Colin de Vendy, frère de Ponce ; sans date.

(2) Sans date.

(3) Sur le sceau, dans un écu triangulaire, un destrechère tenant une massue.

depuis les moulins jusqu'à la vieille Fournelle, deux fauchées de pré et une saussaie contiguës aux écluses et quelques cens. Les moines seulement se conservèrent le droit de faire moudre gratuitement les blés provenant des fermes de Ide et de Suriennes et reçurent une soulte de 600 livres. Il y a lieu de croire que l'abbaye fut amenée à cet arrangement par des contestations qu'elle dut avoir avec les Templiers, ceux-ci s'étant fait céder, dès le mois d'octobre 1260, par Geoffroy et Pasqueranne, sa femme, du consentement de Jean, fils de Fillette de Flandres et Maresane, sa femme, tout ce qu'ils pouvaient posséder sur les susdits moulins (1). Ces moulins furent successivement loués : 50 livres en 1487 ; le double en 1544, avec deux porcs et un plat de poisson ; 150 livres en 1558, avec 150 livres de lard et un plat de poisson; 500 livres en 1654, 1,600 livres en 1757 et enfin 2,800 livres en 1788.

Passy-Grigny

Passy est une commune du canton de Châtillon et la maison de l'ordre était située sur la rive gauche de la Semoigne, entre Passy et Villers-Agron. Les Templiers y furent établis de bonne heure, car une charte de 1214 nous apprend que Pierre et Hodierne, sa femme, leur cédèrent une rente de cinq septiers de blé qu'ils percevaient dans ce lieu (2).

---

(1) Un accord intervint pour des réparations, en 1323 entre l'ordre et Giobert, Vaucher et Henri, écuyers, fils de Jean de Vouziers, chevalier.

(2) Charte de Haimon, évêque de Soissons.

Milon de Venteuil, *Ventolio*, chevalier, renonce à ses prétentions sur 10 arpents au bois Fouilloux ou Feuilleuse pour désintéresser les Templiers de leur revendication à un droit de pâture dans la forêt (octobre 1229) (1).

Henri et Guy de Passy concédèrent, dans le même but, sept arpents de bois audit lieu (mai 1230) (2).

Renonciation par Guillaume Rafer, de Fismes, et Robin, son frère, à leurs prétentions sur un champ près l'étang des Chevaliers ou du Temple (décembre 1237).

Henri de Passy, chevalier, renonce, pour 13 livres fortes à la rente de 12 sols 1/2 forts que l'ordre lui devait sur les cens du lieu, du consentement d'Ermine, sa femme, qui se déclare suffisamment indemnisée par l'abandon du tré-cens de la vicomté (septembre 1235).

Cession de tous ses biens, meubles et immeubles, sis « in territorio de Coupigniaco versus Paciacum, » par Henri, curé du lieu (juin 1240), ce qu'approuve Jacques, dit de Ware, chevalier, au mois de mai 1241.

Enguerrand de Villers, chevalier, renonce pour un cens de 2ᵉ à sa réclamation au sujet du don fait par sa mère d'un champ sis près le jardin de la maison du Temple (1242).

Alix, dame de Nanteuil, veuve de Gaucher, seigneur de Nanteuil, Erard, hoir et seigneur dudit lieu, font savoir que Alain de Verneuil,

(1) Sis au-dessus du village de Sainte-Gemme.
(2) Jacques, évêque de Soissons, déclare l'accord.

2

chevalier, Robert d'Aguisy, chevalier, et Hardoin le Rammager ont été acceptés pour arbitres par le Temple d'une part et d'autre part par Hermine, veuve de Henri de Passy, chevalier, Jean, son fils ; Agnès, veuve de Guillaume de Passy et Witer, son fils, pour terminer leurs différends au sujet de leurs propriétés de Passy (octobre 1256) (1).

Viet, dit Galien, rémois, renonce à ses prétentions sur une terre, sise au territoire du Temple, à Passy (novembre 1280).

Le commandeur avait haute justice et seigneurie en son domaine qui comptait 300 arpents de terre et 270 de bois, aux bois Roullu, vers Reims, Fouilloux, au-dessus de Sainte-Gemme, et de l'Aumône à Voicy, sur la Marne. Le manoir renfermait une chapelle et les Templiers y eurent des précepteurs particuliers.

Nanteuil

Hugue Silvestre, chevalier, et Jacques, son fils, donnent deux champs sis au Mont près Nanteuil, et se réservent le terrage (mars 1208) (2).

III. — Romain

Jean, damoiseau de Romain, renonce à ses prétentions sur une terre audit lieu dont il réclamait un cens de 7 sols (année 1229).

---

(1) Sceau rond en cire jaune : ✝. S. ERARDI, DOMICELLI, E NATHOLIO. L'écu de Châtillon dans le champ.
(2) Haimon, évêque de Soissons déclare l'acte.

certaine quantité de prés à Viseppe, au profit
de la même maison. Ele n'était probablement
encore qu'à l'état de projet, car c'est en 1202
que Guyard de Montfaucon donne aux Hospitaliers la coupe, *tallagium*, de ses bois pendant
10 ans, pour construire la maison de *Raimers*,
avec le droit de pâture et la mouture franche
au moulin de Bauteuil à perpétuité; Richer de
Provisy et Dudon de Raimers font la même
aumône dans le même acte qu'approuve
Geoffroy d'Apremont, chevalier, comme suzerain.

L'année suivante, Henri, comte de Grandpré,
pour assurer le repos futur de son âme, céda
aux religieux 140 journels de terre au même
lieu, et y ajoutant l'usage de ses bois pour la
construction et le chauffage de la maison, mais
en retenant la garde.

Geoffroy d'Apremont, à son tour, voulut se
montrer généreux, et il donna 40 journels de
terre, avec l'usage de ses bois pour bâtir, brûler,
et le pâturage, année 1202 (1). La même année
il y ajoute pour un cens de 2 deniers, du consentement de son fils Nicolas, sa corvée devant
Ramez (2). Enfin en 1212, le prieur de Dun fait
savoir que Drogon et Huard son fils, Cokaudon,

(1) Témoins: Guy de Cernay, Gérard de Clari, Herbert de Saur.
Nicolas de Vilaines, Gaucher de Montigny, Baudoin de Maizières,
chevaliers; Simon, doyen; Thierry des Monts; Dodon, prêtres;
Thibaut, Vilain de Sacy, Herbert de Villers.

(2) Témoins: Guy, seigneur de Cernay, Gérard de Clari, Herbert
de Sacy, Gautier de Montigny, Baudoin de Maizières, chevaliers.
T. seigneur de Sacy; J. seigneur de Doncon; Siibaud des Monts;
Herbert de Villers; Vichal. Fait à Ramez.

son gendre, Jean, Herbert, ses fils et les fils de
ce dernier; Renarde, sa fille, Pierre et ses fils,
ont cédé aux Hospitaliers l'usage de leurs bois
de Banno et de Souveron, vers 1212, la date
n'est pas mentionnée. Jean de Grandpré donna
sa personne et ses biens d'Encreville, Bourrie
et de Vauteville, du consentement de sa mère
Marguerite et de sa sœur Béatrix, femme de
Thierry (1).

Depuis nous voyons Varnier Chatoire abandonner une rente de trois bichets de blé qu'il
percevait sur les terres de la maison (octobre
1253), et Colin, dit li Trippe, aumôna, d'accord avec Endillone, sa femme, une rente de
deux « franchons » de bon blé (janvier 1295).

Un bail de 1256 constate que la ferme rapportait alors 15 livres; en 1611, le revenu était
de 120 livres pour 170 arpents, le fermier devant
faire dire la messe à la chapelle le premier
dimanche de chaque mois, aux grandes fêtes et
à celle de saint Jean Baptiste. Dès 1672, la
maison n'existait plus, car le procès-verbal d'arpentage mentionne « un terroir ban et une chapelle, un encoux, joignant ladite chapelle où il y
a eu anciennement des bâtiments.» La chapelle
disparut en 1717. Les terres rapportaient alors
230 livres.

AMAGNE

Legs par Godefroy, fils de Raoul de Samorie,

---

(1) En présence de C., prieur de Grandpré; G., doyen de Saint-
Jurin, et J., doyen de Dun.

d'une rente de 45 sols sur un pré à Rametz (juin 1234).

Renaudin de Dampierre lègue une rente d'un muids de blé à Amagne, du consentement de Jean son frère, et avec l'approbation de Jean, comte de Rethel, son oncle (septembre 1243).

DONNEVOUX

Oger de Donnevoux, chevalier, renonce aux menues dîmes du lieu et donne à Jean, précepteur de Rametz, une rente de 2 rasées de blé sur la grande dîme et sur la mouture du moulin, à la Saint-Remy (sans date) (1).

DUN

Don d'un pré sis entre Dun et Mosais, fait par Emmeline de Seteniaco, Terric Arcubalista de Magno-Mosais, Pierre de Parvo-Mosais, son beau-frère, Jean étant précepteur de Rametz : Témoins : Aubert, « presbiter plebanus » de Rimogne, Jacques, chevalier de Fégnon, Herbert, bourgeois de Dun, Jacques, son fils, échevin de Setheniaco (octobre 1219).

Don par Geoffroy d'Apremont d'un de ses hommes de Dun, Haibert de Maideio (juin 1224).

LANDRES

H... chevalier de Landres, donne des terres à cultiver dans son bois du Mont-d'Or (sans date).

(1) Indication: avant 1228.

3

LEFFINCOURT

Vente d'une rente de 12 septiers de seigle-avoine sur la dîme faite par Odon d'Aland'hui, du consentement de sa femme Sibille, d'Henri, frère d'icelle, de Garnier d'Ambly, chevalier, et de Huart le Compère de Chaumont, suzerains (décembre 1230).

Vente semblable par Ponsard de Warguy, chevalier (juillet 1236).

Vente, par Terric de Mont-Saint-Martin et Jean de Leffincourt, des biens de leur parent, Odon de Leffincourt (janvier 1210).

L'abbé de Clairmarais vend une rente de 30 septiers d'avoine (janvier 1243).

L'ordre possédait en outre une maison louée pour un surcens de 10 deniers en 1508. La cense, comprenant en total 25 hommées de terre, rapportait 9 livres en 1587.

SAINT-GEORGES

Don d'une rente de 8 deniers à la Circoncision sur les biens de Pierre de Serenaio, par Gobin et Aubert, frères. Témoins: H., doyen de Saint-Juvin; Gauthier, prêtre de Verpel, Mathieu de Landres (janvier 1217).

VILLERS

Jean, clerc de Villers (devant Dun), donne à la maison de Rametz une rente d'un bichet de blé, en échange d'un journel et demi de terre audit lieu (juillet 1291).

Ferme de Cormicy	186	
— Epoye	6	
— Fresne	10	
— De Reims	630	(à Bétheny, Courcy, etc.)
— Vandesincourt	665	avec les dimes.
— Thuisy	550	avec le tiers des dimes.
— Courtagnon	350	dimes.
— Monthois	750	
— Liry	500	
— Savigny	1,200	
— Vanly, Balay	721	
— Mont-Saint-Martin, Sugny	628	1/4 des dimes.
— Seez, Puiseux, Semide	110	dimes.
— Grand Saint-Hilaire	65	—
— Nanteuil-la-Fosse	310	—
— Loches	515	5s 1/4 de dimes.
— Cernay-les-Reims	18	dimes.
— Cauroy (vigne)	5	
— Epernay —	150	
— Mareuil —	88	
— Verzy, Ambonnay	300	
Terres de Pouillon	7	septiers avoine, deux poulardes.
Cens et surcens de Reims	117	5s 64
Prestation due à Saint-Hilaire	26	
Bois de Sainte-Croix, la None du Temple, Courcy, Crilly, Fontaine, Hermonville, Passy, Villers-Agron	1,200	
Maison à Paris	500	
Rente sur l'Etat	168	
Réserve du bois Champmorin, ou l'agneau du Temple à Crilly, 42 arpents.		
Lodes et ventes	60	

La commanderie avait encore des biens à Sainte-Marie-à-Py, Sarcy, Bouzy, Méry, Chenay (vignes), un moulin à Bandeville; des prestations et grains à Arcy-le-Ponsart (8 septiers de blé-avoine), Prouilly (2 poinçons de vin), sur l'abbaye de Saint-Nicaise (8 septiers avoine); des surcens à Pévy, sur le seigneur de Varimont, sur le moulin de Togny, à Châtillon, à Trigny; des droits seigneuriaux à Hermonville, lieudit le Temple, Leffincourt, Epoye et Fresne; des vignes à Ambonnay, Cauroy, Courcy.

La commanderie avait toute justice en tout ou partie: à Bouzy, Isse, Vaudemange, Ambonnay, Tours, à la Perche de Bouzy, Vincelles, Vaudesincourt; moyenne et basse en partie à Ludes.

Elle décimait en totalité ou en partie à Courtagnon, Savigny-sur-Aisne, Monthois, Liry, Saint-Martin, Sugny, Saint-Morel, Vendy, Ballay, Seez, Puiseux, Vaudesincourt, Moronvilliers, Grand-Saint-Hilaire, Thuisy, Nanteuil-la-Fosse, Ludes (grains), Villers-Agron, Cierge, Cunel, Cernay, Courcelles.

Le commandeur nommait enfin aux cures de: Romain, Ludes, Courtagnon, Nanteuil, Bouzy, Moronvilliers, Vaudesincourt, Leffincourt, Mont-Saint-Martin, Sugny, Liry, Monthois, Corbon, Saint-Morel, Savigny, Vandy, Ballay. Les dîmes de ces paroisses lui appartenaient naturellement en tout ou en partie.

Les commissaires députés pour la visite de la commanderie, en novembre 1788, P. Crespel, commandeur de Baugis, et A. Geoffroy, de Bretteville, fournissent les détails suivants sur les propriétés et améliorissements de la commanderie.

Ferme de Romain, 14 arpents, toute justice, quart des dîmes avec droits divers à Villers-Franqueux et Prouilly. 800 livres, 4 chapons.

Ferme de Berméricourt, 152 arpents, toute justice en entier. Revenu : 650 livres, 24 septiers avoine.

Maison et jardin d'Hermonville, toute justice en partie. 112 livres.

La commanderie. — Le commandeur Ed. Huet restaura tout le mobilier de l'église en y dépensant 1081 livres. Quatre prêtres la desservaient : chaque jour il y avait une messe basse à 7 heures et une messe haute à 10.

Les 12 maisons de Reims louées 2,810 livres.

Ferme de Passy, avec chapelle Saint-Antoine, de 4 toises 1/2 sur 4, et le bois Rollin.

Ferme de Crilly, avec chapelle Saint-Jean-Baptiste. Les habitants ne dépendaient que du Temple de Reims où ils faisaient de tout temps eurs Pâques. Bois de la Perche de 38 arpents.

Les deux moulins de Vouziers sur l'Aisne.

Maison à Prouilly, louée 50 livres.

Ferme Sainte-Croix près Baalons et bois de 30 arpents 1/2.

Ferme de Grandchamp, louée 100 livres.

Moulin à eau de Grandchamp, loué 140 livres. Bois de la Naux du Temple, de 32 arpents.

CHARGES DE LA COMMANDERIE DE REIMS, SUIVANT L'ETAT DRESSÉ EN 1747 (1).

MM. de France et Didier, prêtres du Temple.	600 livres.
Le desservant du Temple..................	400
Deux autres......................	300
Le chantre..................	150
Le suisse	25
Le sonneur..................	15
Au curé de Romain..................	60
id. de Villers-Agron..................	45
id. de Saint-Morel..................	13 l 15 sols.
id. de Liry, Leffincourt, Vaudesincourt, et Morvavilliers..................	100
Au bailly......................	40
Au procureur fiscal......................	20

Au commandeur, 4 poinçons de vin rouge et 2 caques de vin blanc; 600 poires de Rousselet, 8 livres de pains d'épices, 1 quartier de mouton, 3 douzaines de pigeonneaux, 3 muids d'avoine.

Au régisseur de la commanderie..........	500
Au domestique du commandeur..........	75
Au jardinier......................	50
A son aide......................	9
Au laboureur......................	120
Le total des charges pour les dépenses ci-dessus, la garde des propriétés, les cures...	5,722 l. 17s. 2d.
Reste à l'ordre..........	2,349 l. 4s. 5d.

Nous terminons par la description de l'église du Temple de Reims, telle que la fournit le procès-

(1) Charges en 1495 : Aux 4 religieux de l'église, vestiaire, nourriture, 100 livres; au clerc 12 livres; au receveur, 10 livres; luminaire de *Corpus Christi*, 4 livres; luminaire de la chapelle, 16 livres; pour la Chambrière, 12 livres; au chapelain de Clivy et luminaire, 10 livres; service de la chapelle de Pouvray, 5 livres; au religieux curé de Romain, 25 livres ; au bailly, 5 livres; au procureur, 3 livres, — 242 livres.

Le maître, les religieux et sœurs devaient recevoir décemment une fois par an le commandeur ou son représentant pendant deux ou trois jours avec deux valets et trois chevaux pour la visite et lui remettre 10 livres pour sa course.

Les quêtes et legs appartenaient à l'hôpital : le commandeur autorisait les quêtes sur lesquelles il prélevait 40 livres (1).

Les malades devenus infirmes par le feu Saint-Antoine ou par la perte d'un membre pouvaient être gardés à vie : si le nombre était trop considérable, on pouvait en envoyer à Troyes.

Les frères et sœurs prirent sur leurs habits le *Tau* de l'ordre auquel ils étaient associés de fait et de droit. L'archevêque conservait la juridiction de la maison, sauf sur le directeur — depuis commandeur — et aucun religieux ne pouvait être admis sans son autorisation.

Le 7 septembre 1420, l'archevêque unit à l'hôpital l'ancienne abbaye augustine d'Ormont (2).

En 1444, Regnaud de Chartres renouvella le

(1) Réduit à 20 peu après la mort du commandeur en exercice lors de la signature de cet acte.

(2) Ce monastère avait subi de cruelles vicissitudes : la guerre l'avait complètement réduit et il ne pouvait même faire vivre l'abbesse et deux religieuses : après la mort de la première, celles-ci se retirèrent à Reims, et leur abbaye fut réunie à celle de Saint-Denis. Ce monastère trouvant la charge trop lourde, rétrocéda peu après Ormont à l'archevêque Réginald qui y replaça des religieuses. La crainte des périls de la guerre les firent rentrer en ville, et, après leur mort, le prélat prononça la réunion à Saint-Antoine, à charge d'y entretenir au moins un religieux pour y dire la messe chaque jour et d'y approprier une salle pour trois ou quatre lits de pauvres. Le procès-verbal de l'union est datée du 5 juin 1521.

traité de 1407 : mais déjà les religieux ne songeaient plus qu'à secouer le joug de l'archevêque, ne voulant ne reconnaître que le commandeur de Troyes comme supérieur: le «maître» prit lui-même le titre de commandeur, et les pauvres malades se virent le plus souvent oubliés dans ces conflits sans cesse renouvelés. Les archevêques se plaignirent au roi, et des édits de 1561, 1576, 1579, 1593, ordonnèrent aux frères de partager l'administration de leur hôpital avec des bourgeois notables : jamais ils n'y consentirent. Comme ces prétentions indépendantes s'étaient généralisées dans toutes les maisons de l'ordre, en 1616, l'abbé général proposa une réforme que le chapitre refusa d'admettre. Richelieu prit alors les choses en mains et chargea le cardinal de la Rochefoucauld de terminer l'affaire. Le commandeur de Reims, Claude Coquillard, refusa nettement de se soumettre et entra en pourparlers avec les jésuites pour leur vendre la maison; la municipalité s'opposa à ce marché et un arrêt du Grand Conseil cassa l'union de la commanderie au collège en la maintenant en la possession de l'ordre, le 22 juin 1629. Coquillart ne se tint pas pour battu et conclut un arrangement cédant la propriété totale aux hospices de Reims, en conservant le revenu viager. L'archevêque l'approuva en 1639. Mais l'ordre protesta et obtint un nouvel arrêt du 13 août 1643, rétablissant la commanderie de Reims : le procès dura longtemps : arrêt conforme du parlement du 7 septembre 1648; transaction avec l'archevêque le 30 septembre 1610, suivie d'une autre avec la municipalité le 3 octobre 1659. D'après celles-ci, la commanderie fut définitivement reconstituée : les religieux ne devaient plus rien acquérir à moins de dix lieues de la ville; rendre leurs comptes aux échevins : six religieux avaient droit d'y demeurer avec un frère lai : la dotation comprenait une rente de 64 septiers de blé et 12 livres 10 sols sur la vicomté de Reims; les censes de Vrilly, Grandchamp, Roussisson, Contreuve, Thuisy, Reims, bois de Germaine, vignes de Clairiset, Parguy, Sacy, Berru, Bouzy, Montbré ; le jardin tenu par le chanoine Maucroix ; trois petites maisons attenant à l'hôpital; le pré de Sapicourt, le jardin de Rouvroy, sous la condition d'acquitter toutes les dettes de l'hôpital. La dotation pour les malades se composait d'une même rente sur la vicomté; des censes de Faverolles, Tours, Bétheny ; des prés de Condé, Balham et de Clairiset; des maisons du Petit Saint-Antoine, des Tournelles; des surcens sur trois maisons, du jardin de Venise.

Les nouveaux religieux une fois installés, prétendirent forcer l'archevêque à leur payer l'arriéré de toutes leurs rentes comme s'ils n'avaient jamais cessé de soigner les malades : le peuple s'en émut et provoqua une véritable émeute devant laquelle les Antonins durent piteusement quitter la ville. L'archevêque se débattit longtemps et finit en 1694 par une transaction qui rappela les religieux en leur faisant donner une quittance finale de l'arriéré (1694). L'affaire n'était pas terminée. La municipalité réclama en parlement, lequel décida que les choses seraient arrangées conformément à l'accord de 1657. Les religieux offrirent alors d'abandonner à la ville la moitié de leurs revenus pour être affranchis de toutes charges : elle accepta, mais cette fois l'archevêque refusa sa ratification. Les Antonins, pour en finir, laissèrent tomber leur maison en ruines pour en réunir la dot à l'ordre. Monseigneur de Rohan se plaignit alors énergiquement, et après une longue et violente résistance, força les religieux à rebâtir leur église, mais ils obéirent en disposant le nouvel édifice de façon à ne pas laisser de place pour un couvent.

La réunion de l'ordre de Saint-Antoine, en 1777, à celui de Malte, coupa enfin court à ces interminables démêlés. Le commandeur de Reims admit dans sa maison les deux religieux de Saint-Antoine et céda la nouvelle église à l'abbesse de Saint-Pierre, qui la transforma en cellier. Vendu nationalement, ce bâtiment fut acheté en 1820 par les dames de la Congrégation, qui y ont installé une pension de jeunes filles et rétabli l'ancienne chapelle.

*9 7 8 2 0 1 2 7 5 3 6 2 4 *